GEDANKENREISEN & GLÜCKSMOMENTE

Die Autorin

Inga Scheidt arbeitet als Mediatorin und Beraterin. Wie viele Menschen träumt sie davon, einen großen Roman zu schreiben, der alle Fragen an das Leben beantwortet. Bis es soweit ist, bereitet es ihr fast genauso viel Freude, ihr Wissen über Achtsamkeit und Yoga an ihre Leser weiterzugeben. Als berufstätige Mutter weiß sie, wie schwierig der Spagat zwischen Arbeit und Familienleben oft sein kann, vor allem, wenn man ab und zu auch ein wenig Zeit ganz für sich alleine braucht. Sie lebt mit ihrer Familie in Köln.

GEDANKENREISEN & GLÜCKSMOMENTE

7 MINUTEN ACHTSAMKEIT

Liebe Leserin, lieber Leser,

Achtsamkeit ist nicht nur eine Haltung, sondern erfordert beständige Übung. Nur durch regelmäßige Meditation lernen wir, Gedanken an uns vorbeiziehen zu lassen anstatt an ihnen festzuhalten. Wir stellen beim Meditieren fest, dass Gefühle und Vorstellungen, die wir für Wahrheiten halten, von uns selbst erzeugt und keineswegs allgemeingültig sind. Es liegt in unserer Macht, uns von ihnen zu distanzieren. Mit der Zeit erlernt man, die Dinge gelassener zu sehen und sich dem Griff negativer Gefühle wie Wut oder Neid zu entziehen. Es ist möglich, Vertrauen zu entwickeln in den Gang der Dinge, ohne permanent Kontrolle ausüben zu müssen.

Das Vorhaben, täglich eine gewisse Zeit zu meditieren, ist leicht gefasst. Im Alltagsgetriebe droht es leider bald wieder unter die Räder zu geraten. Dieses Buch möchte Ihnen durch besondere Anleitungen den Zugang zum stillen Sitzen erleichtern. Geben Sie Ihren Gedanken eine andere Richtung als die, anstehende Erledigungen durchzugehen, über eine Bemerkung eines Freundes nachzugrübeln, nach Ideen für die Balkonbepflanzung zu suchen. Wir stellen Ihnen zu diesem Zweck einige meditative Reisen vor, die Ihren Geist beschäftigen und gleichzeitig befreien. Unternehmen Sie Gedankenreisen durch Ihren Körper, reisen Sie mit Ihrem Atem oder durch die Jahreszeiten.

Die magische Zahl 7

Die Zahl Sieben begleitet Sie bei diesem Abenteuer. Denn sieben Minuten sind ein guter Anfang, um bei sich anzukommen. Gleichzeitig sind sieben Minuten so wenig Zeit, dass es Ihnen leicht fallen wird, regelmäßig zu üben. Versuchen Sie, keine Ausnahmen zuzulassen, und betrachten Sie die Zeit als Ihren persönlichen Freiraum. Behalten Sie die Zahl Sieben Tag für Tag im Blick.

Der Rahmen

Damit Ihr Vorhaben gelingt, sollten Sie ein paar Vorbereitungen treffen, bevor Sie in Ihr neues Reiseabenteuer starten:

- Legen Sie fest, wann Ihre sieben Minuten für sich selbst stattfinden werden. Für manche ist der frühe Morgen die beste Zeit, für andere die Zeit vor dem Schlafengehen.
- Sorgen Sie für einen Raum, in dem Sie für diese Zeit auf jeden Fall ungestört sind.
- Unterrichten Sie die Familie, Partner, Mitbewohner über Ihr Vorhaben und bitten Sie sie um Verständnis.
- Stellen Sie sich die Uhr. Am besten befindet sich an dem Platz, an dem Sie üben, eine Meditationsuhr, auf der Sie die sieben Minuten schon voreingestellt haben. So können Sie sie mit einem Handgriff starten.
- Wenn Sie feststellen, dass Sie mehr Zeit brauchen als sieben Minuten, können Sie den Zeitraum selbstverständlich ausdehnen.

Die Körperhaltung

Begeben Sie sich für Ihre Gedankenreisen immer in eine meditative Haltung. Das kann der Lotossitz sein, wenn Sie ihn z. B. vom Yoga kennen. Sie können auch im Knien üben, vielleicht mithilfe einer kleinen Meditationsbank, die das Sitzen einfacher macht. Wer Rückenprobleme hat und darum nicht gut im Schneidersitz verweilen oder knien kann, kann auch auf einem Stuhl sitzend meditieren. Wichtig ist nur, dass Sie sich nicht anlehnen, sondern sich aus eigener Kraft aufrichten. Stellen Sie sich dabei vor, dass Sie von einer imaginären Schnur am Hinterkopf sanft nach oben gezogen werden.

Für die erste Reise, die Sie durch den Körper führt (der Body Scan auf Seite 11), legen Sie sich ausgestreckt auf eine Unterlage. Bei den restlichen Übungen dürfen Sie entscheiden, welche Haltung Sie einnehmen möchten.

Der Ablauf

Die Übung sollte regelmäßig stattfinden und dabei möglichst immer dem gleichen Ablauf folgen:

- Nehmen Sie eine meditative Haltung ein und konzentrieren sich auf den Atem. Wenn Sie damit Schwierigkeiten haben, legen Sie eine Weile die Hände auf den Bauch und spüren nach, wie sich beim tiefen Atmen der Bauch mit Luft füllt, während sich die Brust nicht oder kaum hebt. Die Schultern hängen ganz entspannt herab.
- Wenn Sie spüren, dass der Atem ruhig wird, beginnen Sie mit der Visualisierung, für die Sie sich entschieden haben. Sie fließen also mit dem Wasser eines Gebirgsbachs talwärts oder wandeln als Baum durch die Jahreszeiten.
- Immer wenn Sie bemerken, dass Sie abgelenkt sind und an etwas ganz anderes denken, setzen Sie die Übung einfach mit neuer Konzentration fort. Das wird Ihnen immer wieder passieren, es gehört sogar zum Üben. Wichtig ist einzig und allein, dem keine große Beachtung zu schenken und weiter zu machen.
- Wichtig ist, dass Sie beim Üben ganz wach bleiben. Während die Entspannung zunimmt, nimmt auch die Aufmerksamkeit zu. Die Übungen können auch eine gute Einschlafhilfe sein, aber das sollte nicht Ihr Ziel sein, wenn Sie am Tage üben.
- Wenn die sieben Minuten um sind, werden Sie vielleicht bedauern, dass die Zeit vorbei ist. Es kann aber auch passieren, dass Sie ungeduldig darauf warten, dass die Zeit vergeht. Wichtig ist, dass Sie einfach jeden Tag weitermachen.

Verweilen Sie noch einen Moment, nachdem die Zeit zu Ende ist. Vielleicht reiben Sie sich die Augen oder die Handflächen aneinander und spüren die Energie, die dabei entsteht. Machen sich dann erst wieder auf den Weg zurück in den Alltag. Gönnen Sie sich einen Moment der Ruhe vor der Rückkehr.

Der Lohn

Die Verheißungen regelmäßiger Meditation sind nicht weniger als ein entspannteres Leben, die Fähigkeit, Glück in den kleinen Dingen zu sehen, Konzentration auf das Wesentliche, Einfachheit und Klarheit der Gedanken. Darum stellen wir Ihnen in diesem Buch auch die kleinen Glücksmomente im Leben vor, die man vielleicht übersieht, wenn man nicht genau hinschaut.

Wir laden Sie ein, mitzukommen auf die Reise zu sich selbst und auf die Suche nach Glücksmomenten in Ihrem Leben. Lassen Sie sich ein auf ein paar gedankliche Abenteuer und auf die Begegnung mit Ihnen.

Wir wünschen Ihnen dabei viel Freude und ganz viele, ganz persönliche Glücksmomente!

NIMM DIR JEDEN TAG ZEIT,
STILL ZU SITZEN UND AUF DIE DINGE
ZU LAUSCHEN.

ACHTE AUF DIE
MELODIE DES LEBENS,
DIE IN DIR SCHWINGT.

Buddha (563 – 483 v. Chr.)

DURCH DEN KÖRPER

Eine der wichtigsten Achtsamkeitsübungen ist der Body Scan. Er ist eine der leichtesten Meditationsübungen, weil man dabei im Liegen übt und die Konzentration relativ leicht aufrecht zu erhalten ist.

1 Sie liegen ausgestreckt auf einer Yoga-Matte oder auch auf einer Matratze. Sie konzentrieren sich eine Weile auf Ihren Atem, bis er ruhig fließt.

2 Spüren Sie nach, an welchen Stellen Ihr Körper die Unterlage berührt und wie sich das anfühlt.

3 Beim Hineinspüren in Ihren Körper beginnen Sie mit den Zehen des rechten Fußes. Versuchen Sie, Ihren Atem bis in die Zehen hinein fließen zu lassen.

4 Nehmen Sie dabei jedes Gefühl, auch jedes negative, wahr. Vielleicht spüren Sie auch gar nichts. Das ist in Ordnung.

5 Von den Zehen wandern Sie über Fuß und Fersen, Unterschenkel und Oberschenkel bis hinauf zur Hüfte.

6 Das gleiche wiederholen Sie mit dem linken Bein, dem rechten und linken Arm.

7 Anschließend konzentrieren Sie sich ganz auf Bauch und Brust. Hier können Sie besonders gut spüren, wie der Atem fließt.

8 Spüren und atmen Sie auch in den Kopf, bis hoch hinauf zur Schädeldecke, dem Scheitelpunkt.

Wenn Ihnen der Body Scan gut tut, finden Sie ausführlichere Anleitungen dazu im Internet. Es gibt auch Audio-CDs, die Sie bei dieser Übung anleiten können.

7

GESCHAFFT!

Das erste Mal ist meistens schwer. Insbesondere, wenn man mit etwas völlig Unbekanntem beginnt. Oft dauert es lange, bis man sich den Ruck gibt, anzufangen, weil man Vorbehalte oder Ängste überwinden muss. Das gilt für den Sprung vom 10-Meter-Brett wie für die erste Meditation im Leben.

Vielleicht glaubt man, dass man schon vorher eine gewisse innere Haltung erreicht haben muss. Oder dass man mehr darüber wissen oder auf bestimmte Weise ausgestattet sein sollte. Die gute Nachricht: All das ist nicht der Fall.

Meditation auszuprobieren braucht aber etwas Mut: nämlich den Mut, sich mit sich selbst auseinanderzusetzen. „Setz dich hin, wenn du es wagst", soll ein Zen-Meister einmal zu seinem Schüler gesagt haben. Die Begegnung mit sich selbst kann ein größeres Wagnis sein als der Sprung aus großer Höhe in unbekanntes Wasser.

Und dann tun Sie es doch: Sie nehmen Platz, stellen die Uhr, schließen die Augen und schauen ganz ruhig zu, was nun passiert. Sieben Minuten lang gönnen Sie Ihrem Geist Ruhe. Vielleicht kann er noch nicht viel damit anfangen. Vielleicht ist er noch unruhig und verunsichert. Aber eine Ahnung der Ruhe und Entspannung, die Meditation bietet, zeichnet sich ab. Ein erster kleiner Glücksmoment: Sie treten die Reise an.

GLÜCK

KOMMT NICHT VON DEN DINGEN,
DIE WIR BESITZEN.

GLÜCK

KOMMT DURCH DIE ARBEIT UND UNSEREN STOLZ AUF DAS, WAS WIR TUN.

Mahatma Gandhi (1869–1948)

SICH UND ANDERE SEIN LASSEN

Unzufriedenheit zeigt sich nicht selten in einem kritischen Blick auf die anderen. Auf unsere Mitmenschen, die nicht denken, nicht handeln, nicht sind wie wir selbst. Abweichung sieht der unzufriedene Geist nicht gern, sie verunsichert ihn. Gleichzeitig verschafft es dem Menschen etwas Beruhigung, wenn er im Vergleich mit anderen etwas besser abschneidet.

Die weitaus größere Freude steckt allerdings darin, die Dinge, die sich unserem Verständnis oder auch unserem Wohlwollen entziehen, so sein zu lassen, wie sie sind. Der Kleidungsstil, die Manieren, die Gewohnheiten und Reden anderer Menschen bleiben das, was sie sind: Anteile anderer Menschen, und nicht der eigenen Person.

Ein richtiger Glücksmoment ist also, wenn ich feststelle, dass ich die anderen so sein lassen kann, wie sie sind. Ohne sie ändern zu wollen, ohne mich bei anderen darüber zu beklagen. Ich bleibe bei mir und stehe für mich ein. Die anderen dürfen sein, wie sie wollen.

DER ATEMKREISLAUF

Ihr Atem hat sich beruhigt und Ihre Bauchdecke hebt und senkt sich beim Atmen langsam. Begeben Sie sich nun ganz hinein in die Vorstellung, wie Ihr Atem in Ihren Körper hineingelangt und ihn wieder verlässt. Spüren Sie nach, welches Gefühl an den Rändern der Nasenlöcher entsteht, wenn die Luft dort entlangstreift.

Fühlen Sie genau hin, wie sich die Lungenbläschen füllen und sich auf diese Weise der Brustkorb weitet. Gleichzeitig füllt sich der Bauchraum mit Luft. In Ihrer Vorstellung können Sie sogar die Flanken und Hüften mit Luft füllen.

Stellen Sie sich vor, wie sich mit der Luft, die in Ihren Körper gelangt, neue Lebensenergie in Ihren Körper entfaltet. Nehmen Sie alles Gute, das um Sie herum ist, in sich auf, führen Sie es sich als neue Lebenskraft zu. Füllen Sie Ihre Lungen, und stellen Sie sich vor, wie von dort aus Ihr ganzer Körper mit neuer Energie versorgt wird.

Genauso verlässt mit dem Ausatmen verbrauchte Luft Ihren Körper. Stellen Sie sich die reinigende Wirkung vor, die das Atmen auf Ihren Körper hat. Geben Sie alles nach draußen, was Sie nicht mehr brauchen.

Bleiben Sie für die gesamte Zeit Ihrer Übung bei Ihrem Atem und beobachten Sie, wie er ein- und austritt. Kontrollieren und korrigieren Sie seinen Rhythmus nicht. Folgen Sie ihm einfach nur und lassen Sie sich von ihm anleiten.

MAN SOLLTE ALLE TAGE
WENIGSTENS EIN KLEINES LIED HÖREN,
EIN GUTES GEDICHT LESEN,
EIN TREFFLICHES GEMÄLDE SEHEN
UND, WENN ES MÖGLICH
ZU MACHEN WÄRE,
EIN VERNÜNFTIGES WORT SPRECHEN.

Johann Wolfgang von Goethe
(1749–1832)

EBBE UND FLUT

Nachdem Sie nun schon Gedankenreisen gemacht haben, die sich innerhalb Ihres Körpers abgespielt haben, können Sie sich in der Vorstellung auch einmal nach draußen wagen. Bei der folgenden Übung visualisieren Sie das Meer, die Brandung und den Kreislauf von Ebbe und Flut. Nutzen Sie gedanklich die beruhigende Kraft des Wassers.

Dazu begeben Sie sich zunächst in Gedanken an einen Strand und schauen aufs offene Meer. Nehmen Sie tiefe Atemzüge der Meeresbrise. Das Meer ist in Bewegung. Wie sehr, das entscheiden Sie in Ihrer Vorstellung. Vielleicht schauen Sie auf eine glitzernde, glatte Oberfläche, vielleicht aber auch auf tosende Wellen, die sich am Strand brechen. Während also Ihr Atem ruhig fließt, liegt das Meer vor Ihnen. Farben in verschiedenen Schattierungen. Reflektion der Sonne. Vielleicht hören Sie das Wasser auch, vielleicht nehmen Sie den Geruch der See wahr.

Stellen Sie sich nun auch vor, wie das Meer sich langsam zurückzieht, wie es mehr und mehr vom Strand freigibt. Sie sehen einen immer breiter werdenden Sandstreifen und ganz in der Ferne das Meer, das darauf wartet, zurückzukommen.

Und schließlich setzt die Flut wieder ein. Das Wasser kehrt zurück. Vielleicht kommt es so nah zu Ihnen, dass es Ihnen die Füße und Waden umspült. Sie sehen die Wassermassen deutlich vor sich, wie sie zurückdrängen. Und dann liegt das große gewaltige Meer wieder vor Ihnen.

EINANDER HELFEN

Dass die anderen Menschen so bleiben dürfen, wie sie sind, bedeutet nicht, dass sie mir egal sind. Im Gegenteil: Wenn man seine Mitmenschen ernst nimmt, mit ihren Schwächen und Eigenarten, dann bedeutet das vielmehr, sie anzunehmen und mit ihnen zu fühlen.

Besondere Momente der Freude sind oft die Momente, in denen man sich dafür entscheidet, einem anderen Menschen beizustehen, ihm mit Trost, mit Rat, mit Zeit oder auch mit finanziellen Mitteln beizustehen in der Zeit einer Not.

Es bedeutet Glück, Abstand zu nehmen vom eigenen Wohl, von den Plänen, die gerade noch wichtig erschienen, und denen zu helfen, die der Hilfe bedürfen. Wichtig dabei ist, es ohne Erwartung an Dankbarkeit zu tun. Dank, den man erwartet, bleibt oft aus, während der Dank für Dinge, die von Herzen gegeben werden, schneller bei Ihnen ankommt, als Sie es erwarten.

7

GESCHENKTE PAUSEN

Bei dem Erledigungswahn, dem wir in hektischen Lebensphasen erliegen, gerät die Muse leicht unter die Räder. Die Pause zwischen zwei Unternehmungen wird genutzt zum Aufräumen und Sortieren, Leerlauf bei der Arbeit gibt es kaum noch, während der Bahnfahrt kann man Post erledigen und während des wohlverdienten Schlafs halten uns im schlechtesten Fall unangenehme Träume auf Trab.

Wie schön ist es, wenn das Leben zwischendurch eine Pause vorsieht. Oder wenn man dazu in der Lage ist, sich selbst eine zu nehmen. Einfach kurz die Luft rauslassen. Am Straßencafé nicht mit sehnsüchtigem Blick vorbeigehen, sondern Platz nehmen und etwas genießen. Am Montag tagsüber einfach mal aufs Sofa sinken und die Lektüre der Wochenendbeilage nachholen. Einen Freund am Telefon nicht vertrösten, sondern sich niederlassen und in ein Gespräch versenken.

Solch kleine Momente sind es, die sich nicht dem Diktat der Erledigungen unterordnen sollten. Denn sie speisen eine wichtige Fähigkeit: sich am Leben zu erfreuen.

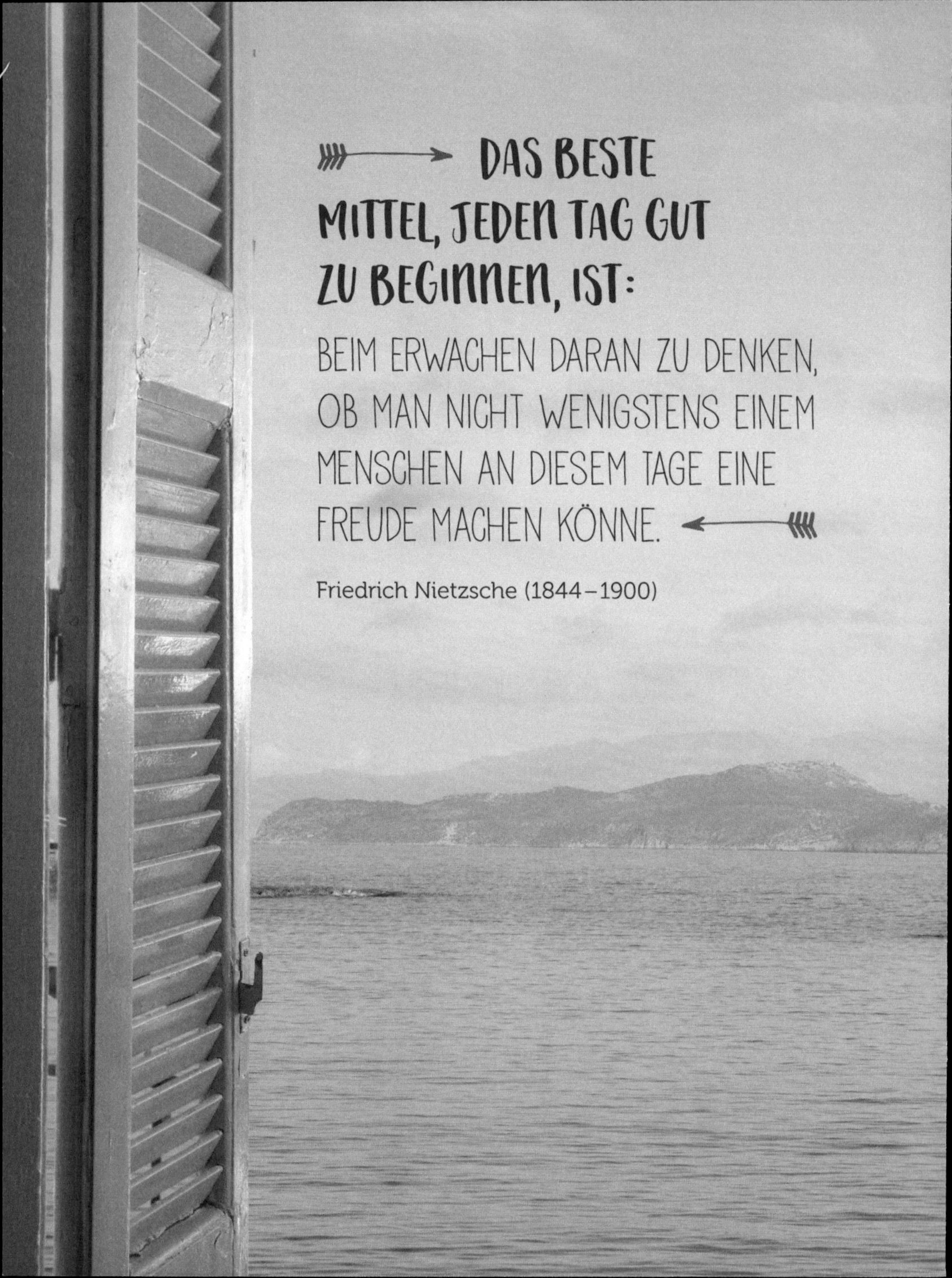

DAS BESTE MITTEL, JEDEN TAG GUT ZU BEGINNEN, IST:

BEIM ERWACHEN DARAN ZU DENKEN, OB MAN NICHT WENIGSTENS EINEM MENSCHEN AN DIESEM TAGE EINE FREUDE MACHEN KÖNNE.

Friedrich Nietzsche (1844–1900)

VON DER QUELLE ZUM MEER

Alles fließt. Der Atem, die Gedanken, das Wasser. Wir beginnen die Gedankenreise dieses Mal an der Quelle eines Baches. Gleicht es nicht einem Wunder, dass das Wasser, das eine solch lange Reise hinter sich hat, plötzlich wieder als klares trinkbares Wasser aus der Erdoberfläche hervorkommt? Begeben Sie sich in Gedanken an eine solche Quelle. Betrachten Sie das Wasser, wie es hervorquillt. Vielleicht sprudelt es druckvoll, vielleicht ist es auch nur ein kleines Rinnsal, das sich erst mit der Zeit zu einem Bach verdichtet.

Der kleine Bach zieht seines Weges und wird mit der Zeit größer. Er braucht ein breiteres Bett und wird zum Fluss. Der Fluss zieht ebenfalls weiter. Vielleicht fließt er ruhig und träge dahin, vielleicht mäandert er durch ein grünes Tal. Betrachten Sie seine Oberfläche: Vielleicht spiegeln sich Sonne und Wolken darin.

Imaginieren Sie deutlich das Fließen, die Bewegung. Im Laufe seiner Reise fließen weitere Flüsse in Ihren Fluss, sodass er sich zu einem breiten Strom entwickelt. Kraftvoll und schnell bahnt er sich jetzt seinen Weg zum Meer. Das Wasser ist nun eine große gewaltige Masse.

Schließlich beendet der Strom seinen Weg an der Mündung, wo er sich mit dem Meer vereinigt. Das Meer nimmt all das Wasser des Stromes in sich auf. Beenden Sie die Meditation mit einem Blick auf das große Meer, das Ihren Fluss komplett verschlungen hat.

NOCHMAL GUT GEGANGEN!

Das Leben birgt so viele Gefahren. Hier sind nicht Flugreisen und Erdrutsche gemeint, sondern die normalen Klippen des Alltags. Dinge können herunterfallen, anbrennen, die Bahn kann sich verspäten, Menschen können einen missverstehen, Öffnungszeiten überraschend geändert werden. Es gibt Phasen im Leben, da glaubt man, dass solche kleinen Malheure sich unentwegt aneinanderreihen, bis man sich in einer so genannten Pechsträhne wähnt.

Gerade weil man sich so ärgert, wenn etwas zerschellt, nicht ankommt, falsch verstanden wird, nicht schmeckt, kann man sich auch ruhig mal richtig freuen, wenn etwas gelingt. Spaghetti mit Pesto: einwandfrei! Heute wieder mal ohne Stau bei der Arbeit angekommen: Hurra! Mit den Kollegen eine schöne Mittagspause verbracht: wie schön!

Zelebrieren Sie, wenn das Leben unauffällig und friedlich dahinschnurrt. Jeder, der ein wenig Lebenserfahrung hat, weiß, dass es bald wieder anders sein kann. Bis es soweit ist, ist jeder Moment ein kleines Glück.

HALTE DAS GLÜCK
WIE EINEN VOGEL,
SO LEISE UND LOSE
WIE MÖGLICH.

DÜNKT ER SICH SELBER NUR FREI, BLEIBT ER DIR GERN IN DER HAND.

Christian Friedrich Hebbel (1813–1863)

BÄUME
VON UNTEN

Wer es noch nicht kennt, sollte mal ausprobieren, was inzwischen in vielen Städten angeboten wird: Yoga im Park. Das Besondere daran ist nicht nur, dass man ganz frische Luft einatmet und sich nah an der Natur befindet.

Yoga im Park bietet auf besondere Weise die Möglichkeit, sich neue Perspektiven zu verschaffen. Wann sieht man sich schon eine Baumkrone von unten an oder den Rasen mit einem Abstand von 10 cm. Wer auch mal etwas anderes anschaut, gibt dem Geist ein wenig Freiheit, aus den gewohnten Bahnen auszubrechen. Interessant ist aber auch, dass man unter freiem Himmel bei manchen Balanceübungen ein anderes Gefühl fürs Gleichgewicht bekommt. Es ist schwieriger sich zu verorten und für sicheren Stand zu sorgen, wenn der Himmel über einem endlos ist.

Angebote für Yoga im Park findet man im Internet. Man kann oft spontan mitmachen oder es einfach mal ausprobieren. Aber auch ohne Anleitung, vielleicht mit Freunden zusammen, macht es Spaß, unter freiem Himmel bei ein paar Dehn- und Meditationsübungen zu entspannen.

GLÜCKLICH
DER MENSCH,
GLÜCKLICH ER ALLEIN,
DER DAS HEUTE GANZ BESITZEN KANN,
DER IN SICH RUHEND
SAGEN KANN:
DAS MORGEN, SEI ES
NOCH SO SCHLIMM,
ICH HAB HEUT GELEBT.

Horaz (65–8 v. Chr.)

WOLKENFORMATIONEN
AM HIMMEL

Normalerweise ziehen Sie sich zur Meditation zurück und schließen die Augen. Vielleicht möchten Sie auch einmal eine Variante ausprobieren, bei der Sie den Blick nach draußen wenden. Suchen Sie sich an einem klaren Tag einen ruhigen Platz im Freien oder an einem Fenster, an dem Sie ungestört sitzen können und freien Blick auf den Himmel haben.

Zur Einstimmung schließen Sie eine Weile die Augen und konzentrieren sich auf Ihren Atem. Dann öffnen Sie die Augen wieder und lassen den Blick auf den Wolken ruhen. Für die kommenden sieben Minuten tun Sie nichts weiter als das.

Gerade an windstillen Tagen werden Sie feststellen, dass das vermeintlich stehende Bild der Wolken sich permanent neu formiert. An Tagen mit mehr Wind ist die Bewegung offensichtlicher und es gibt mehr Veränderung zu beobachten. Wenn die Wolken sich zusammentürmen oder voneinander getrennt werden, entstehen immer neue Bilder. Es geht nicht darum, die Bilder zu deuten oder etwas Besonderes zu entdecken. Sie nutzen sie lediglich, um Ihren Geist darauf zu richten und zur Ruhe zu kommen.

Wenn Sie merken, dass Sie das Geschehen am Himmel zu sehr ablenkt, schließen Sie einfach die Augen und imaginieren Sie die Wolken und wie sie sich fortwährend umformen. So wird daraus auch eine schöne Übung für graue Tage, an denen die Sonne sich nicht blicken lässt.

STIMMT, DU HAST RECHT!

Warum fällt es so schwer zuzugeben, dass man sich in etwas geirrt hat? Das können Kleinigkeiten sein: Wie ist die korrekte Bezeichnung für XY, wann lebte Cäsar, wie heißt der Bundespräsident mit Vornamen? Viel wichtiger ist noch die Frage, wer im Streit recht hat, wem womöglich Unrecht geschehen ist. Viele Menschen wenden viel Kraft dafür auf zu beweisen, dass sie keinen Fehler gemacht haben, oder dass sie nicht schuld sind – woran auch immer.

Diese Kraft kann man genauso gut einsparen. Es ist entspannend und gewinnbringend, sich nicht darum zu kümmern, einen Fehler von sich zu weisen oder – noch schlimmer – einem anderen zuzuschreiben. Sich eines Besseren belehren zu lassen ist eine gute Sache. Versuchen Sie es mal. Probieren Sie das Gefühl aus, nachzugeben – wie ein neues Kleid. Drehen Sie sich damit vor dem Spiegel. Steht es mir?

Nicht perfekt sein. Sich verbessern lassen. Oder zu einem anderen zu sagen: So habe ich das noch gar nicht gesehen. In Wahrheit sind das die lichten Momente im Leben. Wenn man versteht, dass man sein darf, wie man ist. Mal liegt man selbst richtig, mal die anderen. Wer recht hat, spielt für das große Ganze gar keine Rolle.

Ein ruhender See

In einem weiten Tal liegt ein stiller See. Vielleicht nähern Sie sich ihm von oben. Blicken erst einmal aus der Perspektive eines Adlers, der am Himmel kreist, nach unten. Visualisieren Sie seine Umrisse. Ist er rund oder oval? Oder hat er eine ganz andere Form? Welche Farbe hat er? Dunkles Grün oder strahlendes Blau?

Nun nähern Sie sich dem Ufer des Sees, betrachten den Wassersaum, der dort verläuft. Am Ufer eines Sees ist oft Schilf zu finden, das Tieren Schutz und Lebensraum bietet. Vielleicht sehen Sie auch Kiesel unter der Wasseroberfläche oder kleine Fische, die sich dort bewegen.

In Ihrer Vorstellung tauchen Sie in das Wasser ein. Anders als im Meer ist das Wasser hier ruhig und weich. Sie können gefahrlos eintauchen und sich unter der Wasseroberfläche umschauen und mit der Unterwasserwelt vertraut machen.

Vielleicht sehen Sie nun größere Fische, tiefer wurzelndes Schilfrohr, dickeres Geröll auf Ihrem Weg durch das Wasser weiter nach unten zum Grund des Sees. Und schließlich sind Sie ganz unten am Grund angekommen. Dort ist es unbewegt und still. Lassen Sie die Ruhe des Seegrundes ganz tief auf sich wirken. Es dringen keine Geräusche dorthin, und das Licht wird durch das Wasser gefiltert. Wenn Sie den Blick in Gedanken nach oben richten, sehen Sie in weiter Ferne die Sonne. Verweilen Sie nun an diesem Ruhepunkt, bevor Sie langsam und vorsichtig wieder auftauchen.

VERSENKUNG ENTSTEHT, WENN DIE ZERSTREUUNG DER AUFMERKSAMKEIT

EINER **KONZENTRATION** AUF EINEN GEGENSTAND WEICHT.

Aus den Büchern des Patanjali

DIE FREUDE DER ANDEREN

Die Zeit voll ausnutzen und alle Möglichkeiten ausschöpfen – das scheint das Tun vieler Menschen zu bestimmen. Selbstoptimierung ist ein Schlagwort geworden, das uns ständig begegnet. Dahinter steht eine seltsame Konzentration auf das eigene Wohlergehen, ein Kreisen um die eigene Person. Manchmal scheinen wir bei dem Wettlauf ums Wohlfühlen ein wenig zu vergessen, dass es nicht nur das eigene Leben gibt, sondern auch das der anderen.

Welch ein heller und lichter Moment kann es sein, die Freude anderer mit zu empfinden und sich aus ganzem Herzen für jemand anderen zu freuen. Das Gönnen ist nicht jedermanns Stärke, aber wer einmal den Dreh gefunden hat, das Glück der anderen zu seinem eigenen zu machen, der kennt wahre helle Momente im Leben.

VIELE SUCHEN
IHR GLÜCK,
WIE SIE IHREN HUT SUCHEN,
DEN SIE AUF DEM KOPF TRAGEN.

Nikolaus Lenau (1802–1850)

57
20

DAS IST ALLES MEINS!

Besitzlosigkeit ist ein großes Thema. Seit einiger Zeit zählen immer mehr Menschen ihre persönlichen Dinge durch und überlegen dabei, auf was sie verzichten können, um ihren Besitz zu reduzieren. Mehr Zufriedenheit durch Einfachheit und Einschränkung ist die Devise. Den Stresslevel senken durch den Verzicht auf Einkaufsorgien und jegliche Art von Luxusgütern. Ausmisten und neu durchsortieren helfen beim Polieren der Seele.

Das ist sicher richtig. Aber ist es nicht auch schön, sich zwischendurch klar zu machen, wie schön es ist, all das zu haben, was man besitzt? Beglückwünschen Sie sich zwischendurch doch mal für Ihre Stilsicherheit beim Kleiderkauf und bewundern Sie Ihre Garderobe. Gehen Sie durch die Wohnung und betrachten Sie Ihre Lieblingsstücke. Gesammeltes, vielleicht aus Jahrzehnten, Zeugnisse vorheriger Generationen.

Besitz ist etwas Schönes, und nicht um ihn fürchten zu müssen noch viel mehr. Es ist schön, sich Luxus erlauben zu können, wenn es in Maßen geschieht und man den Rest der Menschheit darüber nicht vergisst. Machen Sie sich von Zeit zu Zeit klar, dass Sie zu den glücklichen Menschen gehören, die ein paar wirklich schöne Dinge besitzen.

DIE SEELE DER BÄUME

Wie herrlich ist es, unter einem Baum zu sitzen oder eine Allee entlang zu spazieren! Der Baum dient nicht nur als Schattenspender oder Augenweide, sondern auch als Meditationsobjekt.

Beginnen Sie in Ihrer Vorstellung bei den Wurzeln. Tief reichen sie in die Erde. Von dort aus versorgen sie den Baum mit Wasser und Nährstoffen. Oft reichen die Wurzeln eines Baumes weit über den Radius seiner Krone hinaus.

Die Wurzen gehen in den Stamm über. Der Stamm ist stark und gerade, unabhängig, und lässt sich von keinem Wind irritieren. Er steht einfach da. Jahr um Jahr bildet sich ein weiterer Ring, sodass er immer stärker wird. Die Rinde mit ihrem filigranen Muster umgibt den Stamm. Sie schützt ihn vor Umwelteinflüssen und Schädlingen. Befühlen Sie in Ihrer Vorstellung die Rinde.

Weiter oben verzweigt und verästelt sich der Baum. Visualisieren Sie den Übergang vom Stamm zur Krone. Stellen Sie sich jeden einzelnen Ast vor und wie er sich immer weiter und feiner verzweigt.

Unzählige Blätter schließen sich zusammen zur mächtigen Krone des Baumes. Vielleicht sind die Blätter noch jung und grün. Sie funkeln regelrecht im Sonnenlicht. Vielleicht sind sie aber auch dunkel und fest und bilden ein dichtes sicheres Dach, das Schutz vor Regen und Sonne gewährt.

Nachdem Sie sich alle Details vorgestellt haben, treten Sie noch einmal einen Schritt zurück und sehen sich den Baum als Ganzes an. Von den Wurzeln, die tief in die Erde reichen bis zur Krone, die stolz in den Himmel ragt.

WIE WENIG GENÜGT,
UNS **GLÜCKLICH** ZU MACHEN,

WENN WIR **FÜHLEN**, DASS WIR ES VERDIENT HABEN.

Mark Twain (1835–1910)

EXPLOSION DER SINNE

Was für eine besondere Zeit ist es doch, wenn der Frühling den Winter endgültig besiegt hat und das Kommando über die zwischenzeitlich stillgelegte Natur übernimmt. Innerhalb eines relativ kleinen Zeitraumes offenbart sich die ganze Kraft der Natur. Es dauert eine Weile, bis die anschwellenden Knospen von zartgrünen Buchenblättern und rosa Mandel- sowie gelben Ginsterblüten sich öffnen. Plötzlich geschieht innerhalb kurzer Zeit alles auf einmal. In dieser Zeit explodiert die Natur geradezu.

Selten kann man deutlicher spüren, dass man Glück nicht festhalten kann und dass dies ein vergänglicher Zustand ist. Wir bewundern die Natur in dem Bewusstsein, dass es bald wieder geschehen sein wird um die wunderbare Pracht. Die Blüten verblühen, die zartgrünen Blätter werden groß und dunkel. Das lichte Farbspiel ist nicht mehr das gleiche.

Diese kurzen, an Farben und Energie überreichen Wochen werden Ihnen einmal im Jahr geschenkt. Festhalten können Sie sie nicht, aber mit allen Sinnen genießen und Ihren Geist damit füllen und erhellen.

WELCH EIN GENUSS!

Es wird in der heutigen Zeit viel Wert aufs Kochen gelegt. Das ist allein an der großen Zahl von Kochbüchern, -zeitschriften und -sendungen zu erkennen. Rezepte, die beispielsweise nach Regionen, Farben oder Zutaten ausgewählt werden. Der Genuss steht dabei im Fokus, das bewusste Auswählen, das liebevolle Zubereiten, vielleicht auch die wirkungsvolle Dekoration des Essplatzes.

Aber sind wir noch in der Lage, wirklichen Genuss zu empfinden? Ist es überhaupt notwendig, mit exquisiten Zutaten und aufwendiger Zubereitung für besondere Gaumenfreuden zu sorgen? Der buddhistische Mönch Thích Nhất Hạnh beschreibt in einer seiner Schriften den großen Genuss, den es ihm bereitet, eine Scheibe Brot zum Frühstück zu verspeisen. Durch langsames Kauen und ganz bewusstes Nachschmecken wird ihm auf diese Weise die ganze Wunderbarkeit einer einfachen Scheibe Brot deutlich. Dazu ein Schluck Milch, der sich mit dem Brot verbindet, und die Morgenmahlzeit ist perfekt.

Probieren Sie es von Zeit zu Zeit: Wählen Sie eine einfache Speise, eine Scheibe Brot, eine süße Frucht, und genießen Sie ganz langsam und aufmerksam. Sie werden bemerken, dass es für solche Glücksmomente nicht viel Vorbereitung und schon gar keiner großen Investition bedarf.

ES IST DOCH
ERSTAUNLICH,
WAS EIN
EINZIGER
SONNENSTRAHL

MIT DER **SEELE** DES MENSCHEN MACHEN KANN.

Fjodor Dostojewski (1821–1881)

WIEDER WAS GELERNT!

Die Welt ist voller unbekannter Dinge, die wir nicht kennen, nicht verstehen, von denen wir noch nicht einmal gehört haben. Zwar beschweren wir uns oft über das Übermaß an Informationen, das auf uns einströmt, aber meistens geht es dabei um Inhalte, die wir nicht wirklich brauchen: Fotos von den Sonntagsausflügen oder Mittagsmenüs befreundeter Menschen vielleicht, neue Angebote unseres Kommunikationsdienstleisters oder die Ankündigung der x-ten neuen Wunder-Diät.

Dabei gibt es so viel Neues zu lernen auf der Welt, wovon wir auch wirklich etwas haben. Kennen Sie die Freude, die es bereitet, ein paar Sätze in einer fremden Sprache sprechen zu können und einen Menschen, dessen Muttersprache sie ist, damit zu erfreuen? Auch ein neues Musikstück, von dem wir bislang nichts wussten, kann eine solche Freude auslösen oder ein besonders inspirierender Text. Es gibt kaum ein größeres Glück, als den Ausschnitt der Welt, den man kennt, zu vergrößern.

Uns gehört nur
die Stunde.
Und eine Stunde,
wenn sie
glücklich ist,
ist viel.
Theodor Fontane
(1819 – 1898)

7

DER KREISLAUF
DES WASSERS

Wasser fließt. Von der Sonne erwärmt verdunstet es. Schließlich sammelt es sich am Himmel in Wolkenform und regnet wieder auf die Erde. Dort sammelt es sich in der Tiefe und tritt schließlich frisch und gereinigt an die Erdoberfläche.

Die Imagination eines Wasserkreislaufs ist hervorragend geeignet für eine stille Meditation. Beginnen Sie damit, dass Sie sich das Meer vorstellen. Verweilen Sie eine Zeit lang über der Meeresoberfläche und versenken Sie sich in den Anblick. Ob flach und glitzernd oder graublau und tief bewegt – das bleibt Ihnen überlassen.

Nun stellen Sie sich vor, wie das Wasser, von der Sonne erwärmt, langsam verdunstet. Es steigt gasförmig Richtung Himmel. In Ihrer Vorstellung können Sie mitverfolgen, wie es nach oben steigt. Dort sammelt es sich wieder zu kleinen Tröpfchen. Die winzigen Tröpfchen vereinigen sich erst zu kleinen, schließlich zu größeren Wolken. Die Wolken schieben sich gegeneinander, schließen sich zusammen und türmen sich auf.

Schließlich beugen sich die Wolken der Last des Wassers und geben nach. Regen bricht aus ihnen hervor. Stellen Sie sich die Tropfen auf dem Weg von der Wolke bis zur Erde vor. Dort vereinigen sie sich wieder zu Bächen und Rinnsalen, die in der Erde verschwinden.

Tief im Erdreich sammeln die Tropfen sich und quellen schließlich wieder an die Erdoberfläche, wo der Kreislauf von Neuem beginnt.

WUNDER DES LEBENS

Eigentlich ist der Mensch es gewohnt, dass nur mit seiner Kontrolle Veränderung geschieht. Wer ein Haus bauen will, muss Steine herbeischleppen, wer im Beruf weiterkommen will, der muss sich fortbilden und bewerben, wer eine Kunst beherrschen möchte, der muss Talent haben und vor allem sehr viel üben.

Wahrscheinlich bereitet es uns darum besonders große Freude zu sehen, dass etwas gelingt, sich vergrößert, besonders schön ist, ohne dass das Zutun des Menschen dafür erforderlich ist. Sie können es tagtäglich in der Natur bewundern. Die majestätischen Bäume im Park wissen von alleine, was sie zu tun haben, genauso wie das Meer der gelben Narzissen, die im Schatten des Baumes blühen und von ganz alleine jedes Jahr mehr werden.

Öffnen Sie die Augen für das Wunder des Lebens: Beobachten Sie Wachstum und Üppigkeit der Natur. Wenn Sie es aus nächster Nähe erleben möchten, können Sie selbst ohne Garten und Balkon ein paar Samen in einem Topf auf der Fensterbank aussäen und dem Wunder des Lebens zuschauen. Welch ein Glück!

JEDES NEUE, AUCH DAS GLÜCK, ERSCHRECKT.

Friedrich von Schiller
(1759–1805)

VERSTANDEN WERDEN

Schon von klein auf gehört es zu den Grundbedürfnissen der Menschen, sich einander mitzuteilen. Kinder können nicht lernen, wenn sie das, was sie sehen und erleben, nicht mit ihren Eltern teilen können und dabei Aufmerksamkeit, Verständnis und Anleitung erfahren.

Auch für Erwachsene bleibt das Bedürfnis nach gemeinsamen Erlebnissen und Menschen, die zuhören und mitfühlen, elementar. Die zu finden und zum Freundeskreis zählen zu dürfen ist nicht selbstverständlich. Eigentlich ist es immer noch ein kleines Wunder, wenn ein Funke, der sich in uns regt, auf einen anderen Menschen überspringt, und man für einen Moment einen Gedanken teilt.

Einander gut verstehen, das heißt einander gut zuhören und sich erfreuen an den Ähnlichkeiten, die man dabei feststellen darf. Aber auch, wenn man sich nicht einig ist und dabei dennoch das Gefühl hat, verstanden zu werden, wie man ist, ist das immer wieder Grund für einen kleinen Moment des Glücks.

REISE DURCH DIE JAHRESZEITEN

Sie können im Geist auch eine Reise durch die Jahreszeiten unternehmen. Beginnen Sie in Ihrer Vorstellung mit einer Schneelandschaft. Vielleicht sehen Sie einen Baum, der ebenfalls von Schnee bedeckt ist. Stellen Sie sich das Geräusch knirschenden Schnees vor und vielleicht auch den Geruch von kaltem Schnee in der Luft.

Auf Ihrer Reise durch die Jahreszeiten schmilzt der Schnee und gibt zunächst braunen, kargen Boden frei. Aber der Frühling kommt, und das Gras sprießt. Doch nicht nur das Gras wächst, sondern auch erste Blumen. Welche, das bleibt Ihrer Vorstellung überlassen. Außerdem schwellen kleine, grüne Knospen am Baum an. Schließlich entfalten sich zarte, durchscheinend grüne Blätter.

Im Herbst trägt der Baum Früchte. Stellen Sie sich vor, wie sie nach der Blüte erst sehr klein sind und mit der Zeit beständig wachsen. Wie sie schließlich reif und prall am Baum hängen, bis sie von selbst abfallen. Schließlich verfärbt sich das Laub, und mit den Herbststürmen werden die Blätter von den Ästen getrennt und durch die Lüfte gewirbelt.

Schließlich naht der Winter wieder. Es wird kalt, der Baum sieht leblos aus, ist womöglich bald wieder schneebedeckt. Es ist ihm kaum anzusehen, welch ein Leben in ihm steckt, wie er im Sommer aussah. Und doch wird das Leben sich in diesem endlosen Kreislauf immer wieder behaupten.

Sonne
AUF DER HAUT

Die Sonne ist die zentrale Energiequelle, die über allem steht. Ohne Sonne kein Leben auf der Erde, keine Wärme, kein Wachstum. Das gilt für die Natur im tropischen Dschungel bis zum heimischen Balkonkasten. Und es gilt natürlich genauso für den Menschen. Manche überstehen den Winter ohnehin nur mit Sauna und Sonnenbank, und das ist durchaus verständlich.

Jeder Moment, den wir im wärmenden Sonnenlicht verbringen dürfen, ist kostbar. Sonne geht im wahrsten Sinne unter die Haut. Sie dringt bis in die Knochen und sorgt für neue Energie und Lebensfreude, die von ganz tief drinnen kommt. Sie dringt sogar durch die geschlossenen Lider und sorgt für neue Bilder, neuen Mut, neue Pläne.

Wann immer sich die Gelegenheit ergibt, nutzen Sie sie, um ein wenig Glück aufzutanken und mitzunehmen. Ein kurzer Moment im wärmenden Sonnenlicht ist oftmals einer nützlichen Aufgabe oder Erledigung vorzuziehen. Seien Sie freigiebig mit sich und schenken Sie sich diese Momente.
Die Energie werden Sie gut gebrauchen können.

DENKE IMMER DARAN, DASS ES NUR EINE WICHTIGE ZEIT GIBT:

HEUTE. HIER. JETZT.

Leo Tolstoi (1828–1910)

KÖRPERLICHES WOHLBEFINDEN

Hauptsache gesund! Wie wahr der dahergesagte Spruch ist, erfassen wir erst, wenn wir eine Weile nicht gesund sind. Leider werden wir uns auch erst bewusst, wie schön es ist, kraftvoll und energiegeladen unterwegs zu sein, wenn es aus körperlichen Gründen nicht mehr geht. Bis dahin ist das Funktionieren unseres Körpers eine Selbstverständlichkeit, eine Voraussetzung.

Gerade das bewusste, tiefe Atmen ist vielen Menschen abhandengekommen. Ihr Körper wird es Ihnen danken, wenn Sie durch regelmäßiges Üben für eine tiefere, bewusste Atmung sorgen. Auch Meditation ist Ihrer Gesundheit dienlich. Tun Sie Ihrem Körper so oft wie möglich etwas Gutes. Sorgen Sie für Bewegung und eine gesunde, ausgewogene Ernährung.

Ein gut funktionierender Körper ist nicht selbstverständlich. Immer wenn uns Kraft und Energie zur Verfügung stehen für alle Erfordernisse und Freuden des Lebens, ist das ein großes Glück.

NICHTSTUN IST DIE
ALLERSCHWIERIGSTE **BESCHÄFTIGUNG**
UND ZUGLEICH DIEJENIGE,

DIE AM MEISTEN
GEIST VORAUSSETZT.

Oscar Wilde (1854–1900)

ICH DARF ENTSCHEIDEN

Wenn wir zu sehr mit den Notwendigkeiten des Lebens beschäftigt sind, werden wir leicht zum Spielball der Geschehnisse. Hin- und hereilen zwischen Arbeit und Zuhause, getrieben von allerlei Unabänderlichem, besorgt um Haushalt, Beruf, vielleicht Kinder, vielleicht auch Eltern. Dazu kommt oft der nicht unerhebliche Aufwand, die knapp bemessene Freizeit intensiv zu nutzen.

Wie schön ist es daher, ab und an innezuhalten und sich klarzumachen: Die Notwendigkeiten, denen ich hinterhereile, sind die, für die ich mich entschieden habe. Nicht andere haben mir auferlegt, wie ich lebe, sondern ich selbst. Und wenn ich will, kann ich daran etwas ändern.

Klar, das braucht Kraft und Entscheidungswillen. Manchmal auch den Mut, es nicht allen recht zu machen, die bestimmte Erwartungen hegen. Aber wenn ich all das aufbringe, kann ich mein Leben in eine andere Richtung bringen. Ich darf selbst Schwerpunkte setzen, für neue Impulse sorgen. Ich entscheide über mein Leben. Das fühlt sich ganz wunderbar an.

DAS GLÜCK DEINES LEBENS HÄNGT VON DER **BESCHAFFENHEIT DEINER GEDANKEN** AB.

Marc Aurel
(121–180 n. Chr.)

DIE UNERSCHÜTTERLICHKEIT DES BERGES

Ein Berg ist der Inbegriff des stillen Sitzens. Niemand kann so majestätisch und ungerührt verweilen wie ein Bergmassiv. Darum ist ein Berg, ähnlich wie ein Baum, ein sehr gut geeignetes Meditationsobjekt.

Stellen Sie sich bei dieser Gedankenreise einen Berg vor, von seiner Basis bis hin zu seinem Gipfel. Schauen Sie sich seine Flanken an. Manche sind vielleicht steil mit gefährlichen Klippen. Andere sind flacher und bieten Platz für Weiden und Wälder. Die Spitze ragt über alles erhaben in Richtung Himmel.

Visualisieren Sie den Berg in seiner ganzen Größe und auch in seiner Ruhe. Durch die Jahrtausende hindurch steht er schon an seinem Platz, unerschütterlich und unbeirrbar. Die Sonne wandert über den Berg und verschwindet wieder. Allen Witterungen ist er ausgesetzt. Doch das stört ihn nicht, er bleibt ungerührt, ob Tag oder Nacht, Jahr um Jahr.

Stellen Sie sich vor, dass auch Sie selbst wie ein Berg ungerührt dasitzen. Währenddessen geht die Sonne auf und wieder unter. Gehen Schnee und Regen auf den Berg nieder. Richten Sie Ihre Konzentration darauf, Ihre Atmung zu beobachten und sich als ruhenden Berg vorzustellen. So wie der Berg ein Berg bleibt ungeachtet aller Geschehnisse um ihn herum, so bleiben auch Sie der Mensch, der Sie sind, ungeachtet aller Schwierigkeiten und Hindernisse.

GUT GESCHLAFEN?

Der Himmel hat den Menschen als Gegengewicht zu den vielen Mühseligkeiten des Lebens drei Dinge gegeben: die Hoffnung, den Schlaf und das Lachen. Das hat Immanuel Kant gesagt. Wie wahr! Wie viel Kraft kann man doch schöpfen aus einer Nacht mit erholsamem Schlaf. Gerade im Umgang mit Kindern sieht man sehr deutlich, wie sehr Müdigkeit ihnen die Laune verdirbt und oft einfache Dinge misslingen lässt.

Darum kann man sich an jedem Morgen nach einer ruhigen Nacht beglückwünschen. Den Träumen nachspüren und noch kurz die Gemütlichkeit des Bettes genießen. Wie wertvoll ist es doch, wenn man sich in Ruhe und Sicherheit zum Schlafe betten darf.

Räumen Sie dem Schlaf einen solch wichtigen Stellenwert ein. Betrachten Sie ihn als ein Geschenk, vielleicht auch eine Fähigkeit und Begabung. Was da genau mit uns geschieht, wissen wir nicht. Wir können es nur erahnen. Und wir können uns jeden Morgen nach einer guten Nacht daran erfreuen, dass uns wohltuender Schlaf geschenkt wurde.

FÜRCHTE DICH NICHT,
LANGSAM ZU GEHEN,

FÜRCHTE DICH NUR,
STEHEN ZU BLEIBEN.

Chinesische Weisheit

Autorin: Inga Scheidt

Bildnachweis:

Fotos: Fotolia.com: © javiindy (S. 5), © Jenny Sturm (S. 7), © akkaradech (S. 8/9), © cristina_conti (S. 12), © haiderose (S. 14/15), © ipopba (S. 16), © styf (S. 18), © Thomas Bethge (S. 20/21), © Langer (S. 22), © drubig-photo (S. 24), © blew_f (S. 26), © neirfy (S. 28/29), © stockphoto-graf (S. 30), © Lindsay_Helms (S. 32), © Benno Hoff (S. 34/35), © Jamrooferpix (S. 36), © Kotangens (S. 38/39), © jung (S. 40), © Netfalls (S. 42), © Kavita (S. 44), © Jenny Sturm (S. 46/47), © candy1812 (S. 48), © Olesia Bilkei (S. 50/51), © michael_jacobs (S. 52), © Tom Bayer (S. 55), © Kotkoa (S. 56/57), © S.H.exclusiv (S. 58), © sonykamoz (S. 60), © doris oberfrank-list (S. 62/63), © zwiebackesser (S. 64), © creativenature.nl (S. 66/67), © vencav (S. 68), © silentforce (S. 70), © Martin M303 (S. 72/73), © PlanetEarthPictures (S. 74), © mahey (S. 76), © Martin M303 (S. 78), © JCVStock (S. 80/81), © drubig-photo (S. 82), © nuccio (S. 84/85), © www.jonigraphy.com (S. 86), © Konstiantyn (S. 88/89), © Ben Burger (S. 90), © andreiuc88 (S. 92), © ysuel (S. 94/95)

Illustrationen: Fotolia.com: © sunny_lion (buntes Ziermuster), © KatyaKatya, © alexaz, © qilli (alle Schmuckillustrationen)